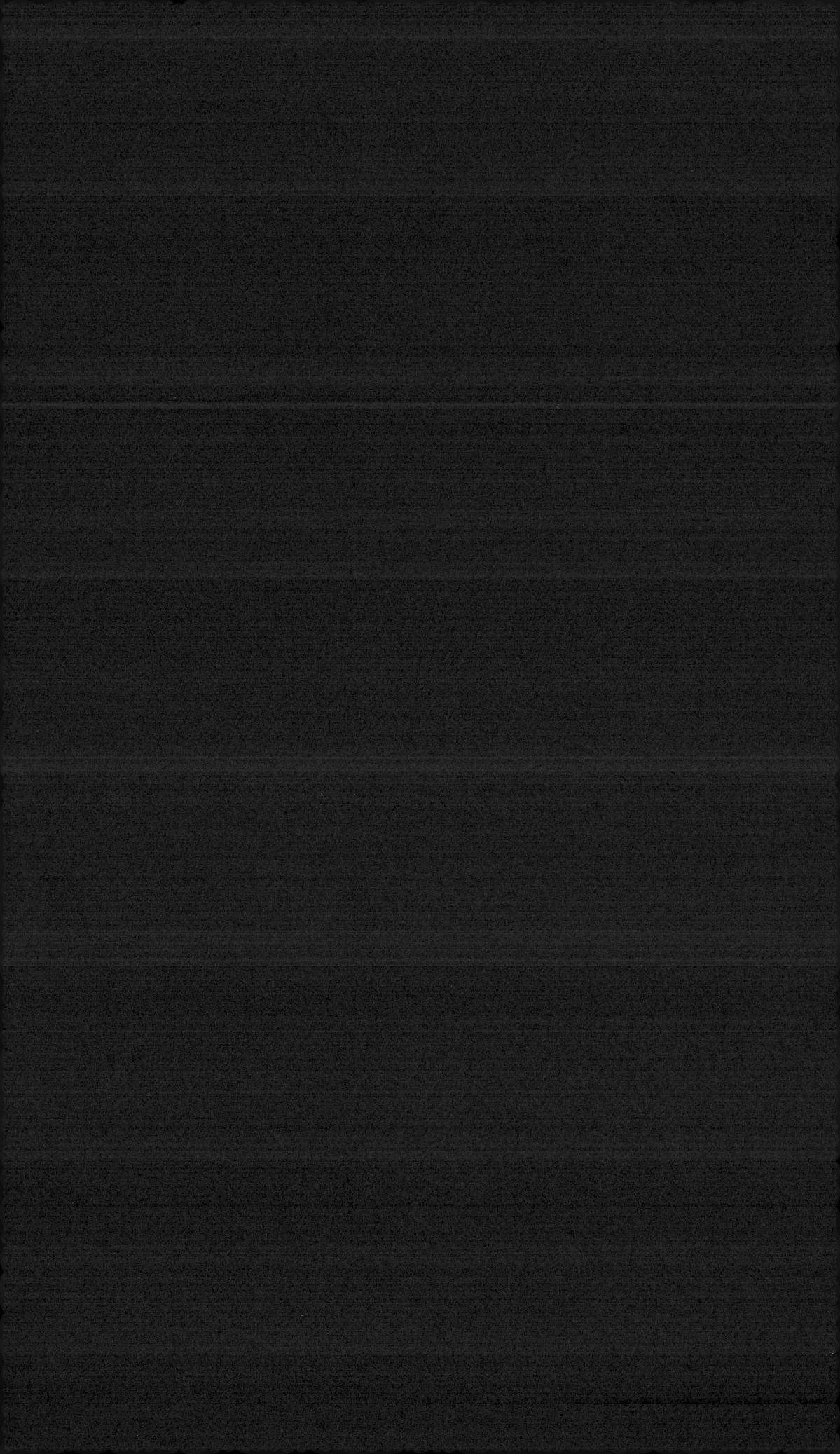

H. v. Kleist · Brandenburger Ausgabe · Das Erdbeben in Chili

H. v. Kleist
Sämtliche Werke
Brandenburger Ausgabe

herausgegeben von
Roland Reuß und Peter Staengle

Stroemfeld Verlag

Mit Unterstützung des Ministeriums für Wissenschaft,
Forschung und Kultur des Landes Brandenburg,
des Bundesministeriums des Innern und der Deutschen
Forschungsgemeinschaft erarbeitet

Band II/3
Das Erdbeben in Chili

herausgegeben von
Roland Reuß
in Zusammenarbeit mit
Peter Staengle

Das Erdbeben in Chili.

In St. Jago, der Hauptstadt des Königreichs Chili, stand gerade in dem Augenblicke der großen Erderschütterung vom Jahre 1647, bei welcher viele tausend Menschen ihren Untergang fanden, ein junger, auf ein Verbrechen angeklagter Spanier, Namens J e r o n i m o R u g e r a, an einem Pfeiler des Gefängnisses, in welches man ihn eingesperrt hatte, und wollte sich erhenken. D o n H e n r i c o A s t e r o n, einer der reichsten Edelleute der Stadt, hatte ihn ungefähr ein Jahr zuvor aus seinem Hause, wo er als Lehrer angestellt war, entfernt, weil er sich mit D o n n a J o s e p h e, seiner einzigen Tochter, in einem zärtlichen Einverständniß befunden hatte. Eine geheime Bestellung, die dem alten Don, nachdem er die

---

1 <Titel in M:> J e r o n i m o u n d J o s e p h e. E i n e S c e n e a u s d e m E r d b e b e n z u C h i l i, vom Jahr 1647.

4 bei] bey M

12 ungefähr] ohngefähr M

Tochter nachdrücklich gewarnt hatte, durch die hämische Aufmerksamkeit seines stolzen Sohnes verrathen worden war, entrüstete ihn dergestalt, daß er sie in dem Karmeliter-Kloster unsrer lieben Frauen vom Berge daselbst unterbrachte. Durch einen glücklichen Zufall hatte Jeronimo hier die Verbindung von neuem anzuknüpfen gewußt, und in einer verschwiegenen Nacht den Klostergarten zum Schauplatze seines vollen Glückes gemacht. Es war am Frohnleichnamsfeste, und die feierliche Prozession der Nonnen, welchen die Novizen folgten, nahm eben ihren Anfang, als die unglückliche Josephe, bei dem Anklange der Glocken, in Mutterwehen auf den Stufen der Kathedrale niedersank. Dieser Vorfall machte außerordentliches Aufsehn; man brachte die junge Sünderin, ohne Rücksicht auf ihren Zustand, sogleich in ein Gefängniß, und kaum war sie aus den Wochen erstanden, als ihr schon, auf Befehl des Erzbischofs, der geschärfteste Prozeß gemacht ward. Man sprach in der Stadt mit einer so

---

1 nachdrücklich] nachdrucklich *M*
2 hämische] eigennützige *M*
6 Durch] <in *M* neuer Absatz>
7-8 neuem] Neuem *M*
11-12 feierliche] feyerliche *M*
13 Novizen] Novitzen *M*
14 bei] bey *M*
16 Dieser] <in *M* neuer Absatz>
17 außerordentliches] ausserordentliches *M*
18 Sünderin] Sünderinn *M*
21-22 Erzbischofs] Erzbischoffs *M*

großen Erbitterung von diesem Skandal, und die Zungen fielen so scharf über das ganze Kloster her, in welchem er sich zugetragen hatte, daß weder die Fürbitte der Familie Asteron, noch auch sogar der Wunsch der Äbtissin selbst, welche das junge Mädchen wegen ihres sonst untadelhaften Betragens lieb gewonnen hatte, die Strenge, mit welcher das klösterliche Gesetz sie bedrohte, mildern konnte. Alles, was geschehen konnte, war, daß der Feuertod, zu dem sie verurtheilt wurde, zur großen Entrüstung der Matronen und Jungfrauen von St. Jago, durch einen Machtspruch des Vicekönigs, in eine Enthauptung verwandelt ward. Man vermiethete in den Straßen, durch welche der Hinrichtungszug gehen sollte, die Fenster, man trug die Dächer der Häuser ab, und die frommen Töchter der Stadt luden ihre Freundinnen ein, um dem Schauspiele, das der göttlichen Rache gegeben wurde, an ihrer schwesterlichen Seite beizuwohnen. Jeronimo, der inzwischen auch in ein Gefängniß gesetzt wor-

---

5 Wunsch] geheime Wunsch *M*
6 Äbtissin] Äbtissinn *M*
8 lieb gewonnen] liebgewonnen *M*
14 Vicekönigs] Vice-Königs *M*

15 Man] <in *M* neuer Absatz>
16 Straßen] Strassen *M*
22 beizuwohnen] beyzuwohnen *M*
Jeronimo] <in *M* neuer Absatz>

den war, wollte die Besinnung verlieren, als er diese ungeheure Wendung der Dinge erfuhr. Vergebens sann er auf Rettung: überall, wohin ihn auch der Fittig der vermessensten Gedanken trug, stieß er auf Riegel und Mauern, und ein Versuch, die Gitterfenster zu durchfeilen, zog ihm, da er entdeckt ward, eine nur noch engere Einsperrung zu. Er warf sich vor dem Bildnisse der heiligen Mutter Gottes nieder, und betete mit unendlicher Inbrunst zu ihr, als der Einzigen, von der ihm jetzt noch Rettung kommen könnte. Doch der gefürchtete Tag erschien, und mit ihm in seiner Brust die Überzeugung von der völligen Hoffnungslosigkeit seiner Lage. Die Glocken, welche Josephen zum Richtplatze begleiteten, ertönten, und Verzweiflung bemächtigte sich seiner Seele. Das Leben schien ihm verhaßt, und er beschloß, sich durch einen Strick, den ihm der Zufall gelassen hatte, den Tod zu geben. Eben stand er, wie schon gesagt, an einem Wandpfeiler, und befestigte den Strick, der ihn dieser jammer-

9 Bildnisse] Bildniße *M*
13 Doch] <in *M* neuer Absatz>
14 Überzeugung] Überzeugung, *M*

vollen Welt entreißen sollte, an eine Eisenklammer, die an dem Gesimse derselben eingefugt war; als plötzlich der größte Theil der Stadt, mit einem Gekrache, als ob das Firmament einstürzte, versank, und alles, was Leben athmete, unter seinen Trümmern begrub. Jeronimo Rugera war starr vor Entsetzen; und gleich als ob sein ganzes Bewußtseyn zerschmettert worden wäre, hielt er sich jetzt an dem Pfeiler, an welchem er hatte sterben wollen, um nicht umzufallen. Der Boden wankte unter seinen Füßen, alle Wände des Gefängnisses rissen, der ganze Bau neigte sich, nach der Straße zu einzustürzen, und nur der, seinem langsamen Fall begegnende, Fall des gegenüberstehenden Gebäudes verhinderte, durch eine zufällige Wölbung, die gänzliche Zubodenstreckung desselben. Zitternd, mit sträubenden Haaren, und Knieen, die unter ihm brechen wollten, glitt Jeronimo über den schiefgesenkten Fußboden hinweg, der Öffnung zu, die der Zusammenschlag beider Häuser in die vordere

1 entreißen] entreissen *M*
4 Gekrache] Gekrach' *M*
7-8 Entsetzen;] Entsetzen, *M*
12 Füßen] Füssen *M*
16 gegenüberstehenden] gegenüberstehendes *E*
23 beider] beyder *M*

Wand des Gefängnisses eingerissen hatte. Kaum befand er sich im Freien, als die ganze, schon erschütterte Straße auf eine zweite Bewegung der Erde völlig zusammenfiel. Besinnungslos, wie er sich aus diesem allgemeinen Verderben retten würde, eilte er, über Schutt und Gebälk hinweg, indessen der Tod von allen Seiten Angriffe auf ihn machte, nach einem der nächsten Thore der Stadt. Hier stürzte noch ein Haus zusammen, und jagte ihn, die Trümmer weit umherschleudernd, in eine Nebenstraße; hier leckte die Flamme schon, in Dampfwolken blitzend, aus allen Giebeln, und trieb ihn schreckenvoll in eine andere; hier wälzte sich, aus seinem Gestade gehoben, der Mapochofluß auf ihn heran, und riß ihn brüllend in eine dritte. Hier lag ein Haufen Erschlagener, hier ächzte noch eine Stimme unter dem Schutte, hier schrieen Leute von brennenden Dächern herab, hier kämpften Menschen und Thiere mit den Wellen, hier war ein muthiger Retter bemüht, zu helfen; hier stand ein

---

2 Kaum] <in *M* neuer Absatz>   Freien] Freyen *M*   20 schrieen] schrien *M*
3 erschütterte] erschutterte *M*   zweite] zweyte *M*

Anderer, bleich wie der Tod, und streckte sprachlos zitternde Hände zum Himmel. Als Jeronimo das Thor erreicht, und einen Hügel jenseits desselben bestiegen hatte, sank er ohnmächtig auf demselben nieder. Er mochte wohl eine Viertelstunde in der tiefsten Bewußtlosigkeit gelegen haben, als er endlich wieder erwachte, und sich, mit nach der Stadt gekehrtem Rücken, halb auf dem Erdboden erhob. Er befühlte sich Stirn und Brust, unwissend, was er aus seinem Zustande machen sollte, und ein unsägliches Wonnegefühl ergriff ihn, als ein Westwind, vom Meere her, sein wiederkehrendes Leben anwehte, und sein Auge sich nach allen Richtungen über die blühende Gegend von St. Jago hinwandte. Nur die verstörten Menschenhaufen, die sich überall blicken ließen, beklemmten sein Herz; er begriff nicht, was ihn und sie hiehergeführt haben konnte, und erst, da er sich umkehrte, und die Stadt hinter sich versunken sah, erinnerte er sich des schrecklichen Augenblicks, den er erlebt hat-

5 Er] <in *M* neuer Absatz>
17-18 Menschenhaufen] Menschen-Haufen *M*
18 ließen] liessen *M*
22 sah] sah' *M*

te. Er senkte sich so tief, daß seine Stirn den Boden berührte, Gott für seine wunderbare Errettung zu danken; und gleich, als ob der eine entsetzliche Eindruck, der sich seinem Gemüth eingeprägt hatte, alle früheren daraus verdrängt hätte, weinte er vor Lust, daß er sich des lieblichen Lebens, voll bunter Erscheinungen, noch erfreue. Drauf, als er eines Ringes an seiner Hand gewahrte, erinnerte er sich plötzlich auch Josephens; und mit ihr seines Gefängnisses, der Glocken, die er dort gehört hatte, und des Augenblicks, der dem Einsturze desselben vorangegangen war. Tiefe Schwermuth erfüllte wieder seine Brust; sein Gebet fing ihn zu reuen an, und fürchterlich schien ihm das Wesen, das über den Wolken waltet. Er mischte sich unter das Volk, das überall, mit Rettung des Eigenthums beschäftigt, aus den Thoren stürzte, und wagte schüchtern nach der Tochter Asterons, und ob die Hinrichtung an ihr vollzogen worden sey, zu fragen; doch niemand war, der ihm umständliche Auskunft gab.

8 Drauf] <in *M* neuer Absatz> 12 dort] darin *M*
10 Josephens;] Josephens, *M*

Eine Frau, die auf einem fast zur Erde gedrückten Nacken eine ungeheure Last von Geräthschaften und zwei Kinder, an der Brust hängend, trug, sagte im Vorbeigehen, als ob sie es selbst angesehen hätte: daß sie enthauptet worden sey. Jeronimo kehrte sich um; und da er, wenn er die Zeit berechnete, selbst an ihrer Vollendung nicht zweifeln konnte, so setzte er sich in einem einsamen Walde nieder, und überließ sich seinem vollen Schmerz. Er wünschte, daß die zerstörende Gewalt der Natur von neuem über ihn einbrechen möchte. Er begriff nicht, warum er dem Tode, den seine jammervolle Seele suchte, in jenen Augenblicken, da er ihm freiwillig von allen Seiten rettend erschien, entflohen sey. Er nahm sich fest vor, nicht zu wanken, wenn auch jetzt die Eichen entwurzelt werden, und ihre Wipfel über ihn zusammenstürzen sollten. Darauf nun, da er sich ausgeweint hatte, und ihm, mitten unter den heißesten Thränen, die Hoffnung wieder erschienen war, stand er auf, und durchstreifte

---

3 zwei Kinder,] zwey Kinder *M*
4 hängend,] hängend *M*   Vorbeigehen] Vorbeygehen *M*
5 hätte:] hätte, *M*
7 um;] um, *M*   Zeit] Zeiten *M*
12 neuem] Neuem *M*
14 Tode] Tod *M*
16 freiwillig] freywillig *M*

nach allen Richtungen das Feld. Jeden Berggipfel, auf dem sich die Menschen versammelt hatten, besuchte er; auf allen Wegen, wo sich der Strom der Flucht noch bewegte, begegnete er ihnen; wo nur irgend ein weibliches Gewand im Winde flatterte, da trug ihn sein zitternder Fuß hin: doch keines deckte die geliebte Tochter Asterons. Die Sonne neigte sich, und mit ihr seine Hoffnung schon wieder zum Untergange, als er den Rand eines Felsens betrat, und sich ihm die Aussicht in ein weites, nur von wenig Menschen besuchtes Thal eröffnete. Er durchlief, unschlüssig, was er thun sollte, die einzelnen Gruppen derselben, und wollte sich schon wieder wenden, als er plötzlich an einer Quelle, die die Schlucht bewässerte, ein junges Weib erblickte, beschäftigt, ein Kind in seinen Fluthen zu reinigen. Und das Herz hüpfte ihm bei diesem Anblick: er sprang voll Ahndung über die Gesteine herab, und rief: O Mutter Gottes, du Heilige! und erkannte Josephen, als sie sich bei dem Geräusche

6 Winde] Wind *M*
13-14 unschlüssig] unschlüßig *M*
20 bei] bey *M*
23 bei] bey *M*

schüchtern umsah. Mit welcher Seligkeit umarmten sie sich, die Unglücklichen, die ein Wunder des Himmels gerettet hatte! Josephe war, auf ihrem Gang zum Tode, dem Richtplatze schon ganz nahe gewesen, als durch den krachenden Einsturz der Gebäude plötzlich der ganze Hinrichtungszug aus einander gesprengt ward. Ihre ersten entsetzensvollen Schritte trugen sie hierauf dem nächsten Thore zu; doch die Besinnung kehrte ihr bald wieder, und sie wandte sich, um nach dem Kloster zu eilen, wo ihr kleiner, hülfloser Knabe zurückgeblieben war. Sie fand das ganze Kloster schon in Flammen, und die Äbtissin, die ihr in jenen Augenblicken, die ihre letzten seyn sollten, Sorge für den Säugling angelobt hatte, schrie eben, vor den Pforten stehend, nach Hülfe, um ihn zu retten. Josephe stürzte sich, unerschrocken durch den Dampf, der ihr entgegenqualmte, in das von allen Seiten schon zusammenfallende Gebäude, und gleich, als ob alle Engel des Himmels sie umschirmten, trat sie mit

---

3 hatte!] \<in *M* Absatzende; darunter:\> (Die Fortsetzung folgt.)   Josephe] \<darüber in *M*:\> J e r o n i m o u n d J o s e p h e. (Fortsetzung.)

4-5 Richtplatze] Richt-Platze *M*

8 entsetzensvollen] entsetzenvollen *M*

9 sie hierauf] sie *M*

15 Äbtissin] Äbtissinn *M*

19-20 unerschrocken durch den Dampf] durch den Dampf unerschrocken *M*

ihm unbeschädigt wieder aus dem Portal hervor. Sie wollte der Äbtissin, welche die Hände über ihr Haupt zusammenschlug, eben in die Arme sinken, als diese, mit fast allen ihren Klosterfrauen, von einem herabfallenden Giebel des Hauses, auf eine schmähliche Art erschlagen ward. Josephe bebte bei diesem entsetzlichen Anblicke zurück; sie drückte der Äbtissin flüchtig die Augen zu, und floh, ganz von Schrecken erfüllt, den theuern Knaben, den ihr der Himmel wieder geschenkt hatte, dem Verderben zu entreißen. Sie hatte noch wenig Schritte gethan, als ihr auch schon die Leiche des Erzbischofs begegnete, die man so eben zerschmettert aus dem Schutt der Kathedrale hervorgezogen hatte. Der Pallast des Vicekönigs war versunken, der Gerichtshof, in welchem ihr das Urtheil gesprochen worden war, stand in Flammen, und an die Stelle, wo sich ihr väterliches Haus befunden hatte, war ein See getreten, und kochte röthliche Dämpfe aus. Josephe raffte alle ihre Kräfte zusammen, sich zu hal-

---

2 Äbtissin] Äbtissinn *M*
4 <in *M* Spieß vor:> mit
7 bei] bey *M*
9 Äbtissin] Äbtissinn *M*
12 entreißen] entreissen *M*
13 Sie] <in *M* neuer Absatz>
14 Erzbischofs] Erzbischoffs *M*
17 Vicekönigs] Vice-Königs *M*

ten. Sie schritt, den Jammer von ihrer Brust entfernend, muthig mit ihrer Beute von Straße zu Straße, und war schon dem Thore nah, als sie auch das Gefängniß, in welchem Jeronimo geseufzt hatte, in Trümmern sah. Bei diesem Anblicke wankte sie, und wollte besinnungslos an einer Ecke niedersinken; doch in demselben Augenblick jagte sie der Sturz eines Gebäudes hinter ihr, das die Erschütterungen schon ganz aufgelös't hatten, durch das Entsetzen gestärkt, wieder auf; sie küßte das Kind, drückte sich die Thränen aus den Augen, und erreichte, nicht mehr auf die Gräuel, die sie umringten, achtend, das Thor. Als sie sich im Freien sahe, schloß sie bald, daß nicht jeder, der ein zertrümmertes Gebäude bewohnt hatte, unter ihm nothwendig müsse zerschmettert worden seyn. An dem nächsten Scheidewege stand sie still, und harrte, ob nicht Einer, der ihr, nach dem kleinen Philipp, der liebste auf der Welt war, noch erscheinen würde. Sie ging, weil niemand kam, und das Gewühl der Menschen

---

5 Bei] Bey *M*
8-10 in demselben Augenblick jagte sie der Sturz <...> hatten] der Sturz, in demselben Augenblick, <...> hatten, jagte sie *M*

15 Freien sahe] Freyen sah' *M*
17 ihm] ihnen *M*
18 An] <in *M* neuer Absatz>

anwuchs, weiter, und kehrte sich wieder um, und harrte wieder; und schlich, viel Thränen vergießend, in ein dunkles, von Pinien beschattetes Thal, um seiner Seele, die sie entflohen glaubte, nachzubeten; und fand ihn hier, diesen Geliebten, im Thale, und Seligkeit, als ob es das Thal von Eden gewesen wäre. Dies Alles erzählte sie jetzt voll Rührung dem Jeronimo, und reichte ihm, da sie vollendet hatte, den Knaben zum Küssen dar. — Jeronimo nahm ihn, und hätschelte ihn in unsäglicher Vaterfreude, und verschloß ihm, da er das fremde Antlitz anweinte, mit Liebkosungen ohne Ende den Mund. Indessen war die schönste Nacht herabgestiegen, voll wundermilden Duftes, so silberglänzend und still, wie nur ein Dichter davon träumen mag. Überall, längs der Thalquelle, hatten sich, im Schimmer des Mondscheins, Menschen niedergelassen, und bereiteten sich sanfte Lager von Moos und Laub, um von einem so qualvollen Tage auszuruhen. Und weil die Armen immer noch jammerten;

3 vergießend] vergiessend *M*
8 Dies] <in *M* neuer Absatz>
11 dar. —] dar. *M*
12-13 verschloß] verstopfte *M*

dieser, daß er sein Haus, jener, daß er Weib und Kind, und der dritte, daß er Alles verloren habe: so schlichen Jeronimo und Josephe in ein dichteres Gebüsch, um durch das heimliche Gejauchz ihrer Seelen niemand zu betrüben. Sie fanden einen prachtvollen Granatapfelbaum, der seine Zweige, voll duftender Früchte, weit ausbreitete; und die Nachtigall flötete im Wipfel ihr wollüstiges Lied. Hier ließ sich Jeronimo am Stamme nieder, und Josephe in seinem, Philipp in Josephens Schooß, saßen sie, von seinem Mantel bedeckt, und ruhten. Der Baumschatten zog, mit seinen verstreuten Lichtern, über sie hinweg, und der Mond erblaßte schon wieder vor der Morgenröthe, ehe sie einschliefen. Denn Unendliches hatten sie zu schwatzen vom Klostergarten und den Gefängnissen, und was sie um einander gelitten hätten; und waren sehr gerührt, wenn sie dachten, wie viel Elend über die Welt kommen mußte, damit sie glücklich würden! Sie beschlossen, sobald die Erderschütterungen aufgehört ha-

2 dritte] Dritte *M*
3 habe:] habe; *M*
12 saßen] sassen *M*
16 vor] von *M*

17 schwatzen] schwatzen, *M*
18 Klostergarten] Klostergarten, *M*
20 dachten,] dachten *M*
22 Sie] <in *M* neuer Absatz>

ben würden, nach La Conception zu gehen, wo Josephe eine vertraute Freundin hatte, sich mit einem kleinen Vorschuß, den sie von ihr zu erhalten hoffte, von dort nach Spanien einzuschiffen, wo Jeronimos mütterliche Verwandten wohnten, und daselbst ihr glückliches Leben zu beschließen. Hierauf, unter vielen Küssen, schliefen sie ein.

Als sie erwachten, stand die Sonne schon hoch am Himmel, und sie bemerkten in ihrer Nähe mehrere Familien, beschäftigt, sich am Feuer ein kleines Morgenbrod zu bereiten. Jeronimo dachte eben auch, wie er Nahrung für die Seinigen herbeischaffen sollte, als ein junger wohlgekleideter Mann, mit einem Kinde auf dem Arm, zu Josephen trat, und sie mit Bescheidenheit fragte: ob sie diesem armen Wurme, dessen Mutter dort unter den Bäumen beschädigt liege, nicht auf kurze Zeit ihre Brust reichen wolle? Josephe war ein wenig verwirrt, als sie in ihm einen Bekannten erblickte; doch da er, indem er ihre Verwirrung falsch deutete, fortfuhr: es ist nur

---

2 Freundin] Freundinn *M*
10 bemerkten] bemerkten, *M*
11 Nähe] Nähe, *M*   Familien,] Familien *M*
14 herbeischaffen] herbeyschaffen *M*
18-19 unter den Bäumen beschädigt] beschädigt unter den Bäumen *M*

auf wenige Augenblicke, Donna Josephe, und dieses Kind hat, seit jener Stunde, die uns alle unglücklich gemacht hat, nichts genossen; so sagte sie: „ich schwieg — aus einem andern Grunde, Don Fernando; in diesen schrecklichen Zeiten weigert sich niemand, von dem, was er besitzen mag, mitzutheilen:" und nahm den kleinen Fremdling, indem sie ihr eigenes Kind dem Vater gab, und legte ihn an ihre Brust. Don Fernando war sehr dankbar für diese Güte, und fragte: ob sie sich nicht mit ihm zu jener Gesellschaft verfügen wollten, wo eben jetzt beim Feuer ein kleines Frühstück bereitet werde? Josephe antwortete, daß sie dies Anerbieten mit Vergnügen annehmen würde, und folgte ihm, da auch Jeronimo nichts einzuwenden hatte, zu seiner Familie, wo sie auf das innigste und zärtlichste von Don Fernandos beiden Schwägerinnen, die sie als sehr würdige junge Damen kannte, empfangen ward. Donna Elvire, Don Fernandos Gemahlin, welche schwer an den Füßen verwundet auf der

---

2 jener] der *M*
7 mitzutheilen:] mitzutheilen; *M*
13 beim] beym *M*
18 seiner] einer *M*
19 beiden] beyden *M*

21 ward.] <in *M* Absatzende; dahinter:> (Die Fortsetzung folgt.) Donna] <darüber in *M*:> J e r o n i m o   u n d   J o s e p h e. (Fortsetzung.)
22 Fernandos Gemahlin] Fernados Gemahlinn *M*
23 Füßen] Füssen *M*

Erde lag, zog Josephen, da sie ihren abgehärmten Knaben an der Brust derselben sah, mit vieler Freundlichkeit zu sich nieder. Auch Don Pedro, sein Schwiegervater, der an der Schulter verwundet war, nickte ihr liebreich mit dem Haupte zu. — In Jeronimos und Josephens Brust regten sich Gedanken von seltsamer Art. Wenn sie sich mit so vieler Vertraulichkeit und Güte behandelt sahen, so wußten sie nicht, was sie von der Vergangenheit denken sollten, vom Richtplatze, von dem Gefängnisse, und der Glocke; und ob sie bloß davon geträumt hätten? Es war, als ob die Gemüther, seit dem fürchterlichen Schlage, der sie durchdröhnt hatte, alle versöhnt wären. Sie konnten in der Erinnerung gar nicht weiter, als bis auf ihn, zurückgehen. Nur Donna Elisabeth, welche bei einer Freundinn, auf das Schauspiel des gestrigen Morgens, eingeladen worden war, die Einladung aber nicht angenommen hatte, ruhte zuweilen mit träumerischem Blicke auf Josephen; doch der Bericht, der über irgend ein

---

2 sah] sah' *M*
6 zu. —] zu. *M*   In] <in *M* neuer Absatz>
12 Gefängnisse] Gefängniß' *M*   Glocke;] Glocke, *M*
13 bloß] blos *M*

18 bei] bey *M*
19-20 Freundinn, auf das Schauspiel des gestrigen Morgens,] Freundinn auf den gestrigen Morgen *M*

neues gräßliches Unglück erstattet ward, riß ihre, der Gegenwart kaum entflohene Seele schon wieder in dieselbe zurück. Man erzählte, wie die Stadt gleich nach der ersten Haupterschütterung von Weibern ganz voll gewesen, die vor den Augen aller Männer niedergekommen seyen; wie die Mönche darin, mit dem Kruzifix in der Hand, umhergelaufen wären, und geschrieen hätten: das Ende der Welt sey da! wie man einer Wache, die auf Befehl des Vicekönigs verlangte, eine Kirche zu räumen, geantwortet hätte: es gäbe keinen Vicekönig von Chili mehr! wie der Vicekönig in den schrecklichsten Augenblicken hätte müssen Galgen aufrichten lassen, um der Dieberei Einhalt zu thun; und wie ein Unschuldiger, der sich von hinten durch ein brennendes Haus gerettet, von dem Besitzer aus Übereilung ergriffen, und sogleich auch aufgeknüpft worden wäre. Donna Elvire, bei deren Verletzungen Josephe viel beschäftigt war, hatte in einem Augenblick, da gerade die Erzählungen sich am

---

3 Man] <in *M* neuer Absatz>
8 Kruzifix] Kreutzifix *M*
9 geschrieen] geschrien *M*
11 Vicekönigs] Vice-Königs *M*
13 Vicekönig] Vice-König *M*
14 Vicekönig] Vice-König *M*
16 Dieberei] Dieberey *M*   thun] thnn *E*
21 Donna] <in *M* neuer Absatz>
    bei] bey *M*

lebhaftesten kreuzten, Gelegenheit genommen, sie zu fragen: wie es denn ihr an diesem fürchterlichen Tag ergangen sey? Und da Josephe ihr, mit beklemmtem Herzen, einige Hauptzüge davon angab, so ward ihr die Wollust, Thränen in die Augen dieser Dame treten zu sehen; Donna Elvire ergriff ihre Hand, und drückte sie, und winkte ihr, zu schweigen. Josephe dünkte sich unter den Seligen. Ein Gefühl, das sie nicht unterdrücken konnte, nannte den verfloßnen Tag, so viel Elend er auch über die Welt gebracht hatte, eine Wohlthat, wie der Himmel noch keine über sie verhängt hatte. Und in der That schien, mitten in diesen gräßlichen Augenblicken, in welchen alle irdischen Güter der Menschen zu Grunde gingen, und die ganze Natur verschüttet zu werden drohte, der menschliche Geist selbst, wie eine schöne Blume, aufzugehn. Auf den Feldern, so weit das Auge reichte, sah man Menschen von allen Ständen durcheinander liegen, Fürsten und Bettler, Matronen und Bäuerinnen,

1 kreuzten] kreutzten *M*
4 beklemmtem] beklemmten *M*

16 irdischen] irrdischen *M*

Staatsbeamte und Tagelöhner, Klosterherren und Klosterfrauen: einander bemitleiden, sich wechselseitig Hülfe reichen, von dem, was sie zur Erhaltung ihres Lebens gerettet haben mochten, freudig mittheilen, als ob das allgemeine Unglück Alles, was ihm entronnen war, zu e i n e r Familie gemacht hätte. Statt der nichtssagenden Unterhaltungen, zu welchen sonst die Welt an den Theetischen den Stoff hergegeben hatte, erzählte man jetzt Beispiele von ungeheuern Thaten: Menschen, die man sonst in der Gesellschaft wenig geachtet hatte, hatten Römergröße gezeigt; Beispiele zu Haufen von Unerschrokkenheit, von freudiger Verachtung der Gefahr, von Selbstverläugnung und der göttlichen Aufopferung, von ungesäumter Wegwerfung des Lebens, als ob es, dem nichtswürdigsten Gute gleich, auf dem nächsten Schritte schon wiedergefunden würde. Ja, da nicht Einer war, für den nicht an diesem Tage etwas Rührendes geschehen wäre, oder der nicht selbst etwas Großmüthiges gethan

---

1 Staatsbeamte] Staatsbeamten *M*
Tagelöhner] Taglöhner *M*
2 Klosterfrauen:] Klosterfrauen, *M*
8 Statt] <in *M* neuer Absatz>
11 Beispiele] Beyspiele *M*
14 Beispiele] Beyspiele *M*
20 würde] wütde *M*
21-22 Tage] Tag *M*
22 geschehen] geschehn *M*

hätte, so war der Schmerz in jeder Menschenbrust mit so viel süßer Lust vermischt, daß sich, wie sie meinte, gar nicht angeben ließ, ob die Summe des allgemeinen Wohlseyns nicht von der einen Seite um eben so viel gewachsen war, als sie von der anderen abgenommen hatte. Jeronimo nahm Josephen, nachdem sich beide in diesen Betrachtungen stillschweigend erschöpft hatten, beim Arm, und führte sie mit unaussprechlicher Heiterkeit unter den schattigen Lauben des Granatwaldes auf und nieder. Er sagte ihr, daß er, bei dieser Stimmung der Gemüther und dem Umsturz aller Verhältnisse, seinen Entschluß, sich nach Europa einzuschiffen, aufgebe; daß er vor dem Vicekönig, der sich seiner Sache immer günstig gezeigt, falls er noch am Leben sey, einen Fußfall wagen würde; und daß er Hoffnung habe, (wobei er ihr einen Kuß aufdrückte), mit ihr in Chili zurückzubleiben. Josephe antwortete, daß ähnliche Gedanken in ihr aufgestiegen wären; daß auch sie nicht mehr, falls ihr Vater nur noch am Leben sey, ihn zu versöhnen zweifle; daß sie aber statt des Fußfalles lieber nach La Conception zu gehen, und von dort aus schriftlich das Versöhnungsgeschäft mit dem Vicekönig zu betreiben rathe, wo man auf jeden Fall in der Nähe des Hafens wäre, und für den besten, wenn das Geschäft die erwünschte Wendung nähme, ja leicht wieder nach St. Jago zurückkehren könnte. Nach einer kurzen Überlegung gab Jeronimo der Klugheit dieser Maßregel seinen Beifall, führte sie noch ein wenig, die heitern Momente der Zukunft überfliegend, in den Gängen umher, und kehrte mit ihr zur Gesellschaft zurück.

Inzwischen war der Nachmittag herangekommen, und die Gemüther der herumschwärmenden Flüchtlinge hatten sich, da die Erdstöße nachließen, nur kaum wieder ein wenig beruhigt, als sich schon die Nachricht verbreitete, daß in der Dominikanerkirche, der einzigen, welche das Erdbeben verschont hatte, eine feierliche Messe von dem

---

5 Vicekönig] Vice-König *M*
7 besten, wenn] beßten, da *M*
11 Beifall] Beyfall *M*

19 nachließen] nachliessen *M*
23 feierliche] feyerliche *M*

Prälaten des Klosters selbst gelesen werden würde, den Himmel um Verhütung fernern Unglücks anzuflehen. Das Volk brach schon aus allen Gegenden auf, und eilte in Strömen zur Stadt. In Don Fernandos Gesellschaft ward die Frage aufgeworfen, ob man nicht auch an dieser Feierlichkeit Theil nehmen, und sich dem allgemeinen Zuge anschließen solle? Donna Elisabeth erinnerte, mit einiger Beklemmung, was für ein Unheil gestern in der Kirche vorgefallen sey; daß solche Dankfeste ja wiederholt werden würden, und daß man sich der Empfindung alsdann, weil die Gefahr schon mehr vorüber wäre, mit desto größerer Heiterkeit und Ruhe überlassen könnte. Josephe äußerte, indem sie mit einiger Begeisterung sogleich aufstand, daß sie den Drang, ihr Antlitz vor dem Schöpfer in den Staub zu legen, niemals lebhafter empfunden habe, als eben jetzt, wo er seine unbegreifliche und erhabene Macht so entwickle. Donna Elvire erklärte sich mit Lebhaftigkeit für Josephens Meinung. Sie bestand darauf, daß man die Messe hören sollte, und rief Don Fernando auf, die Gesellschaft zu führen, worauf sich Alles, Donna Elisabeth auch, von den Sitzen erhob. Da man jedoch letztere, mit heftig arbeitender Brust, die kleinen Anstalten zum Aufbruche zaudernd betreiben sah, und sie, auf die Frage: was ihr fehle? antwortete: sie wisse nicht, welch eine unglückliche Ahndung in ihr sey? so beruhigte sie Donna Elvire, und foderte sie auf, bei ihr und ihrem kranken Vater zurückzubleiben. Josephe sagte: so werden sie mir wohl, Donna Elisabeth, diesen kleinen Liebling abnehmen, der sich schon wieder, wie Sie sehen, bei mir eingefunden hat. Sehr gern, antwortete Donna Elisabeth, und machte Anstalten ihn zu ergreifen; doch da dieser über das Unrecht, das ihm geschah, kläglich schrie, und auf keine Art darein willigte, so sagte Josephe lächelnd, daß sie ihn nur behalten wolle, und küßte ihn wieder still. Hierauf bot Don Fernando, dem die ganze Würdigkeit und Anmuth ihres Betragens sehr gefiel, ihr den Arm; Jeronimo, welcher den kleinen Philipp trug, führte Donna Constanzen; die übrigen Mitglieder, die sich bei der Gesellschaft eingefunden hatten, folgten; und in dieser Ordnung ging der Zug nach der Stadt. Sie waren kaum funfzig Schritte gegangen, als man Donna Elisabeth welche inzwischen heftig und heimlich mit Donna Elvire gesprochen hatte: Don Fernando! rufen hörte, und dem Zuge mit unruhigen Tritten nacheilen sah. Don Fernando hielt, und kehrte sich um; harrte ihrer, ohne Josephen loszulassen, und fragte, da sie, gleich als ob sie auf sein Entgegenkommen wartete, in einiger Ferne stehen blieb: was sie wolle? Donna Elisabeth näherte sich ihm hierauf, obschon, wie es schien, mit Widerwillen, und raunte ihm, doch so, daß Josephe es nicht hören konnte, einige Worte ins Ohr. Nun? fragte Don Fernando: und das Unglück, das daraus entstehen kann? Donna Elisabeth fuhr fort, ihm mit verstörtem Gesicht ins Ohr zu zischeln. Don Fernando stieg eine Röthe des Unwil-

---

1 Arm;] Arm, und *M*
2 trug, führte] trug, *M*
3 bei] bey *M*
6 Sie] <in *M* neuer Absatz>
7 Elisabeth] Elisabeth, *M*
9 hatte:] hatte, *M*
11 sah] sah' *M*   um;] um, *M*

12 loszulassen] los zu lassen *M*
13 sie, gleich] sie gleich, *M*
19 ins] in's *M*
19-20 Fernando:] Fernando, *M*
21 ihm] ihn *E*
22 ins] in's *M*

lens ins Gesicht; er antwortete: es wäre gut! Donna Elvire möchte sich beruhigen; und führte seine Dame weiter. — Als sie in der Kirche der Dominikaner ankamen, ließ sich die Orgel schon mit musikalischer Pracht hören, und eine unermeßliche Menschenmenge wogte darin. Das Gedränge erstreckte sich bis weit vor den Portalen auf den Vorplatz der Kirche hinaus, und an den Wänden hoch, in den Rahmen der Gemählde, hingen Knaben, und hielten mit erwartungsvollen Blicken ihre Mützen in der Hand. Von allen Kronleuchtern strahlte es herab, die Pfeiler warfen, bei der einbrechenden Dämmerung, geheimnißvolle Schatten, die große von gefärbtem Glas gearbeitete Rose in der Kirche äußerstem Hintergrunde glühte, wie die Abendsonne selbst, die sie erleuchtete, und Stille herrschte, da die Orgel jetzt schwieg, in der ganzen Versammlung, als hätte keiner einen Laut in der Brust. Niemals schlug aus einem christlichen Dom eine solche Flamme der Inbrunst gen Himmel, wie heute aus dem

1 ins] in's *M*
3 weiter. —] weiter. *M*   Als] <in *M* neuer Absatz>
10 hingen] hiengen *M*
14 bei] bey *M*
17 äußerstem] äusserstem *M*
18 Abendsonne] Abend-Sonne *M*
20 keiner] Keiner *M*
23 Inbrunst] Inbrust *E*   Himmel,] Himmel *M*

Dominikanerdom zu St. Jago; und keine menschliche Brust gab wärmere Glut dazu her, als Jeronimos und Josephens! Die Feierlichkeit fing mit einer Predigt an, die der ältesten Chorherren Einer, mit dem Festschmuck angethan, von der Kanzel hielt. Er begann gleich mit Lob, Preis und Dank, seine zitternden, vom Chorhemde weit umflossenen Hände hoch gen Himmel erhebend, daß noch Menschen seyen, auf diesem, in Trümmer zerfallenden Theile der Welt, fähig, zu Gott empor zu stammeln. Er schilderte, was auf den Wink des Allmächtigen geschehen war; das Weltgericht kann nicht entsetzlicher seyn; und als er das gestrige Erdbeben gleichwohl, auf einen Riß, den der Dom erhalten hatte, hinzeigend, einen bloßen Vorboten davon nannte, lief ein Schauder über die ganze Versammlung. Hierauf kam er, im Fluße priesterlicher Beredtsamkeit, auf das Sittenverderbniß der Stadt; Gräuel, wie Sodom und Gomorrha sie nicht sahen, straft' er an ihr; und nur der unendlichen Langmuth Got-

---

1 Jago;] Jago, *M*
3 Die] <in *M* neuer Absatz>
3-4 Feierlichkeit] Feyerlichkeit *M*
8 zitternden] zitternde *M*
11 Theile der] Theile *M*
14 war;] war, *M*   Weltgericht] Welt-Gericht *M*
15 seyn;] seyn, *M*
17 bloßen] blossen *M*
20 Beredtsamkeit] Beredsamkeit *M*
22 straft'] straft *M*
23 ihr;] ihr, *M*

tes schrieb er es zu, daß sie noch nicht gänzlich vom Erdboden vertilgt worden sey. Aber wie dem Dolche gleich fuhr es durch die von dieser Predigt schon ganz zerrissenen Herzen unserer beiden Unglücklichen, als der Chorherr bei dieser Gelegenheit umständlich des Frevels erwähnte, der in dem Klostergarten der Karmeliterinnen verübt worden war; die Schonung, die er bei der Welt gefunden hatte, gottlos nannte, und in einer von Verwünschungen erfüllten Seitenwendung, die Seelen der Thäter, wörtlich genannt, allen Fürsten der Hölle übergab! Donna Constanze rief, indem sie an Jeronimos Armen zuckte: Don Fernando! Doch dieser antwortete so nachdrücklich und doch so heimlich, wie sich beides verbinden ließ: „Sie schweigen, Donna, Sie rühren auch den Augapfel nicht, und thun, als ob Sie in eine Ohnmacht versänken; worauf wir die Kirche verlassen." Doch, ehe Donna Constanze diese sinnreiche zur Rettung erfundene Maßregel noch ausgeführt hatte, rief schon eine Stimme, des

2-3 Aber wie] Aber, *M* <in *M* neuer Absatz>
5 unserer beiden] unsrer beyden *M*
6 bei] bey *M*
8 war;] war, *M*
9 bei] bey *M*
10-11 Verwünschungen] Verwünschnngen *E*
11 Seitenwendung,] Seitenwendung *M*
14 Armen] Arm *M*
16 nachdrücklich] nachdrücklich, *M*
17 beides] beydes *M*
19-20 versänken;] versänken, *M*
21 diese sinnreiche] die sinnreich *M*

Chorherrn Predigt laut unterbrechend, aus: Weichet fern hinweg, ihr Bürger von St. Jago, hier stehen diese gottlosen Menschen! Und als eine andere Stimme schreckenvoll, indessen sich ein weiter Kreis des Entsetzens um sie bildete, fragte: wo? hier! versetzte ein Dritter, und zog, heiliger Ruchlosigkeit voll, Josephen bei den Haaren nieder, daß sie mit Don Fernandos Sohne zu Boden getaumelt wäre, wenn dieser sie nicht gehalten hätte. Seyd ihr wahnsinnig? rief der Jüngling, und schlug den Arm um Josephen: „ich bin Don Fernando Ormez, Sohn des Commendanten der Stadt, den ihr alle kennt." Don Fernando Ormez? rief, dicht vor ihn hingestellt, ein Schuhflicker, der für Josephen gearbeitet hatte, und diese wenigstens so genau kannte, als ihre kleinen Füße. Wer ist der Vater zu diesem Kinde? wandte er sich mit frechem Trotz zur Tochter Asterons. Don Fernando erblaßte bey dieser Frage. Er sah bald den Jeronimo schüchtern an, bald überflog er die Versammlung, ob nicht Einer sey, der ihn

---

5 Entsetzens] Entsezens *M*
6-7 hier! versetzte ein Dritter, und zog,] zog ein Dritter, mit dem Ausrufe: hier! — *M*
8 bei] bey *M* mit] mit dem *M*
11 Seyd] Seid *M* der Jüngling] er *M*
13 Commendanten] Commandanten *M*
14 alle] Alle *M*
18 Füße. Wer] Füße: wer *M*
19 sich] sich, *M*
20 Trotz] Trotze, *M*
21 sah] sah' *M*
22 an,] an; *M*

kenne? Josephe rief, von entsetzlichen Verhältnissen gedrängt: dies ist nicht mein Kind, Meister Pedrillo, wie er glaubt; indem sie, in unendlicher Angst der Seele, auf Don Fernando blickte: dieser junge Herr ist Don Fernando Ormez, Sohn des Commendanten der Stadt, den ihr Alle kennt! Der Schuster fragte: wer von euch, ihr Bürger, kennt diesen jungen Mann? Und mehrere der Umstehenden wiederholten: wer kennt den Jeronimo Rugera? Der trete vor! Nun traf es sich, daß in demselben Augenblicke der kleine Juan, durch den Tumult erschreckt, von Josephens Brust weg Don Fernando in die Arme strebte. Hierauf: Er i s t der Vater! schrie eine Stimme; und: er i s t Jeronimo Rugera! eine andere; und: sie s i n d die gotteslästerlichen Menschen! eine dritte; und: steinigt sie! steinigt sie! die ganze im Tempel Jesu versammelte Christenheit! Drauf jetzt Jeronimo: Halt! Ihr Unmenschlichen! Wenn ihr den Jeronimo Rugera sucht: hier ist er! Befreit jenen Mann, welcher unschuldig ist! — Der

---

3 er] Er *M*
5 blickte: dieser] blickte. Dieser *M*
6 Commendanten] Commandanten *M*
7 kennt!] kennt. *M*
9 mehrere] <in *E* fehlt nach der ersten Silbe der Trennungsstrich am Ende der Zeile>

16 und:] und *E*   Rugera!] Rugera; *E M*
23 ist! —] <in *M* Absatzende; dahinter:> (Der Beschluß folgt.) Der] <darüber in *M*:> J e r o n i m o   u n d   J o s e p h e. (Beschluß.)

wüthende Haufen, durch die Äußerung Jeronimo's verwirrt, stutzte; mehrere Hände ließen Don Fernando los; und da in demselben Augenblick ein Marine-Offizier von bedeutendem Rang herbeieilte, und, indem er sich durch den Tumult drängte, fragte: Don Fernando Ormez! Was ist euch widerfahren? so antwortete dieser, nun völlig befreit, mit wahrer heldenmüthiger Besonnenheit: „Ja, sehen Sie, Don Alonzo, die Mordknechte! Ich wäre verloren gewesen, wenn dieser würdige Mann sich nicht, die rasende Menge zu beruhigen, für Jeronimo Rugera ausgegeben hätte. Verhaften Sie ihn, wenn Sie die Güte haben wollen, nebst dieser jungen Dame, zu ihrer beiderseitigen Sicherheit; und diesen Nichtswürdigen, indem er Meister Pedrillo ergriff, der den ganzen Aufruhr angezettelt hat!" Der Schuster rief: Don Alonzo Onoreja, ich frage euch auf euer Gewissen, ist dieses Mädchen nicht Josephe Asteron? Da nun Don Alonzo, welcher Josephen sehr genau kannte, mit der Antwort zauderte, und meh-

---

1 Äußerung] Äusserung *M*
2-3 ließen] liessen *M*
5 herbeieilte] herbeyeilte *M*
8 antwortete] antworte *E*
9 sehen] sehn *M*
16 beiderseitigen] beiderseigen *E* beyderseitigen *M*

rere Stimmen, dadurch von neuem zur Wuth entflammt, riefen: sie ists, sie ists! und: bringt sie zu Tode! so setzte Josephe den kleinen Philipp, den Jeronimo bisher getragen hatte, sammt dem kleinen Juan, auf Don Fernandos Arm, und sprach: gehn Sie, Don Fernando, retten Sie ihre beiden Kinder, und überlassen Sie uns unserm Schicksale! Don Fernando nahm die beiden Kinder und sagte: er wolle eher umkommen, als zugeben, daß seiner Gesellschaft etwas zu Leide geschehe. Er bot Josephen, nachdem er sich den Degen des Marine-Offiziers ausgebeten hatte, den Arm, und forderte das hintere Paar auf, ihm zu folgen. Sie kamen auch wirklich, indem man ihnen, bei solchen Anstalten, mit hinlänglicher Ehrerbietigkeit Platz machte, aus der Kirche heraus, und glaubten sich gerettet. Doch kaum waren sie auf den von Menschen gleichfalls erfüllten Vorplatz derselben getreten, als eine Stimme aus dem rasenden Haufen, der sie verfolgt hatte, rief: dies ist Jeronimo Rugera, ihr Bürger, denn ich bin sein

---

1 neuem] Neuem *M*
2 ists, sie ists] ist's, sie ist's *M*
3 zu] zum *M*
6 Fernando] Fernaudo *E*
7 beiden] beyden *M*   überlassen] überlasseu *E*

8 Don] <in *M* neuer Absatz>
9 beiden Kinder] beyden Kinder, *M*   und] uud *E*
    sagte:] sagte, *M*
16 bei] bey *M*

eigner Vater! und ihn an Donna Constanzens Seite mit einem ungeheuren Keulenschlage zu Boden streckte. Jesus Maria! rief Donna Constanze, und floh zu ihrem Schwager; doch: Klostermetze! erscholl es schon, mit einem zweiten Keulenschlage, von einer andern Seite, der sie leblos neben Jeronimo niederwarf. Ungeheuer! rief ein Unbekannter: dies war Donna Constanze Xares! Warum belogen sie uns! antwortete der Schuster; sucht die rechte auf, und bringt sie um! Don Fernando, als er Constanzens Leichnam erblickte, glühte vor Zorn; er zog und schwang das Schwerdt, und hieb, daß er ihn gespalten hätte, den fanatischen Mordknecht, der diese Gräuel veranlaßte, wenn derselbe nicht, durch eine Wendung, dem wüthenden Schlag entwichen wäre. Doch da er die Menge, die auf ihn eindrang, nicht überwältigen konnte: leben Sie wohl, Don Fernando mit den Kindern! rief Josephe — und: hier mordet mich, ihr blutdürstenden Tieger! und stürzte sich freiwillig unter sie, um dem

6 zweiten] zweyten *M*
13 zog] zog, *M*
20 konnte:] konnte; *M*
23 freiwillig] freywillig *M*

Kampf ein Ende zu machen. Meister Pedrillo schlug sie mit der Keule nieder. Darauf ganz mit ihrem Blute besprützt: schickt ihr den Bastard zur Hölle nach! rief er, und drang, mit noch ungesättigter Mordlust, von neuem vor. Don Fernando, dieser göttliche Held, stand jetzt, den Rücken an die Kirche gelehnt; in der Linken hielt er die Kinder, in der Rechten das Schwerdt. Mit jedem Hiebe wetterstrahlte er Einen zu Boden; ein Löwe wehrt sich nicht besser. Sieben Bluthunde lagen todt vor ihm, der Fürst der satanischen Rotte selbst war verwundet. Doch Meister Pedrillo ruhte nicht eher, als bis er der Kinder Eines bei den Beinen von seiner Brust gerissen, und, hochher im Kreise geschwungen, an eines Kirchpfeilers Ecke zerschmettert hatte. Hierauf ward es still, und Alles entfernte sich. Don Fernando, als er seinen kleinen Juan vor sich liegen sah, mit aus dem Hirne vorquellenden Mark, hob, voll namenlosen Schmerzes, seine Augen gen Himmel. Der Marine-Offizier fand sich wieder bei ihm ein,

2 Darauf] Drauf, *M*
4 Bastard] Bastart *M*
5 neuem] Neuem *M*
6 Don] <in *M* neuer Absatz>
15 bei] bey *M*

18 es] Alles *M*   und Alles] und *M*
20 sah] sah' *M*
22 Der] <in *M* neuer Absatz>
23 bei] bey *M*

41

suchte ihn zu trösten, und versicherte ihn, daß seine Unthätigkeit bei diesem Unglück, obschon durch mehrere Umstände gerechtfertigt, ihn reue; doch Don Fernando sagte, daß ihm nichts vorzuwerfen sey, und bat ihn nur, die Leichname jetzt fortschaffen zu helfen. Man trug sie alle, bei der Finsterniß der einbrechenden Nacht, in Don Alonzos Wohnung, wohin Don Fernando ihnen, viel über das Antlitz des kleinen Philipp weinend, folgte. Er übernachtete auch bei Don Alonzo, und säumte lange, unter falschen Vorspiegelungen, seine Gemahlin von dem ganzen Umfang des Unglücks zu unterrichten; einmal, weil sie krank war, und dann, weil er auch nicht wußte, wie sie sein Verhalten bei dieser Begebenheit beurtheilen würde; doch kurze Zeit nachher, durch einen Besuch zufällig von Allem, was geschehen war, benachrichtigt, weinte diese treffliche Dame im Stillen ihren mütterlichen Schmerz aus, und fiel ihm mit dem Rest einer erglänzenden Thräne eines Morgens um den Hals und küßte

2 bei] bey *M*
7 bei] bey *M*
9 ihnen] hnen *E*

11 bei] bey *M*
16 bei] bey *M*
17 beurtheilen würde] berurtheilen werde *M*   doch] doch, *M*

ihn. Don Fernando und Donna Elvire nahmen hierauf den kleinen Fremdling zum Pflegesohn an; und wenn Don Fernando Philippen mit Juan verglich, und wie er beide erworben hatte, so war es ihm fast, als müßt er sich freuen.

4 beide] beyde *M*
5 müßt] müßt' *M*
6 freuen.] <in *M* rechts davon:> *Heinrich v. Kleist.*

Siglen

E: Erzählungen. Von Heinrich von Kleist. Michael Kohlhaas (aus einer alten Chronik). Die Marquise von O.... Das Erdbeben in Chili. Berlin, in der Realschulbuchhandlung, 1810. 342 S. kl. 8°. — Darin: S. 307-342.

M: Morgenblatt für gebildete Stände. <Tübingen>. 10., 11., 12., 14., 15. September 1807. Nro. 217-221. S. 866-868; 871-872; 875; 878-879; 883-884. <Titel:> J e r o n i m o und J o s e p h e. E i n e S c e n e a u s d e m E r d b e b e n z u C h i l i, vom Jahr 1647.

Textkritische Zeichen

<...>   Textwiederholung

<Text> Editorische Bemerkung

Zu dieser Ausgabe

I   Kleists Erzählung »Jeronimo und Josephe. Eine Scene aus dem Erdbeben zu Chili, vom Jahr 1647.« erschien in fünf aufeinanderfolgenden Lieferungen im ersten Jahrgang des »Morgenblatts für gebildete Stände« zwischen dem 10. und 15. September 1807. An Johann Friedrich Cottas neue Zeitung war die Druckvorlage durch die Vermittlung Rühle von Liliensterns gelangt, der sich während der Zeit von Kleists Gefangenschaft, wohl in Kleists Auftrag, um eine Publikation bemüht hatte. Daß es Rühle war, der in dieser Angelegenheit vermittelnd tätig gewesen ist, geht aus dem Dresdner Brief vom 17. September 1807 hervor, den der eben aus der Gefangenschaft zurückgekehrte Kleist an Cotta schickte. In ihm erbat sich Kleist das Manuskript zwecks anderweitiger Dispositionen (wahrscheinlich im Zusammenhang des »Phöbus«-Projekts) zurück.[1] Dieser Brief — zum Zeitpunkt seiner Abfassung war Kleist nicht bekannt, daß das »Morgenblatt« in der zurückliegenden Woche seinen Text gedruckt hatte — belegt außerdem, daß Kleist auch nach seiner Rückkehr aus der Gefangenschaft keinen Einfluß auf die Drucklegung nehmen konnte.

Wann Kleist den 1807 im »Morgenblatt« erschienenen Text fertiggestellt hat, entzieht sich unserer Kenntnis. Aus der Tatsache, daß zwischen Oktober 1806 und dem Beginn von Kleists Gefangenschaft im Januar 1807 keinerlei briefliche Dokumente eines Austauschs zwischen den räumlich von einander getrennten Kleist und Rühle von Lilienstern (Kleist wird bekanntlich in Berlin verhaftet; Rühle hält sich zu diesem Zeitpunkt in Dresden auf) existieren,[2] hat man schließen wollen, daß das Manuskript des Textes spätestens im Oktober 1806 in Rühles Besitz gewesen sein, der Text also vorher abgeschlossen vorgelegen haben muß.[3] Es ist aber keineswegs auszuschließen, daß Rühle auch durch Vermittlung Dritter — beispielsweise Pfuels — in den Besitz des Manuskripts gelangt sein kann. Ob die Fertigstellung des Textes (von seiner Entstehung ganz zu schweigen) in Kleists Königsberger Zeit fällt, wird daher, solange keine beweiskräftigeren Dokumente vorliegen, ebenso offenbleiben müssen wie die Frage nach einer relativen chronologischen Situierung des Textes in Kleists Arbeitsprozeß.[4]

---

1 »Ew. Wohlgebohren haben durch den HE. v. Rühle, während meiner Abwesenheit aus Deutschland, eine Erzählung erhalten, unter dem Titel, Jeronimo und Josephe, und diese Erzählung für das Morgenblatt bestimmt. So lieb und angenehm mir dies auch, wenn ich einen längeren Aufenthalt in Frankreich gemacht hätte, gewesen sein würde, so muß ich doch jetzt, da ich zurückgekehrt bin, wünschen, darüber auf eine andre Art verfügen zu können. Wenn daher mit dem Abdruck noch nicht vorgegangen ist, so bitte ich Ew. Wohlgebohren ergebenst, mir das Manuscript, unter nachstehender Adresse, gefälligst wieder zurückzusenden.«
2 Aus folgenden Dokumenten geht hervor, daß Kleist in dieser Zeit keinerlei Kontakt zu Rühle hatte: Im Brief an Ulrike von Kleist (Königsberg, 24. Oktober 1806) schreibt er: »Auch von Rühlen habe ich seit drei Wochen keine Nachrichten erhalten.« Einen Monat später, am 24. November, fragt er Marie von Kleist: »Was haben Sie denn für Nachrichten von unsern unglücklichen Freunden? Von Kleist? Rühle? Pfuel? Und meinem Bruder? Und den Übrigen?« Aus dem Brief an Ulrike von Kleist vom 31. Dezember 1806 erfährt man außerdem, daß durch die Kriegswirren »der Postencurs gestört«, eine »directe Überschickung [von Geld] auf der Post unmöglich ist.«
3 Hans Joachim Kreutzer, *Die dichterische Entwicklung Heinrichs von Kleist*. Untersuchungen zu seinen Briefen und zu Chronologie und Aufbau seiner Werke (Berlin 1968), 189.
4 Kreutzer, *Die dichterische Entwicklung Heinrichs von Kleist*, a.a.O. (Anm. 3), 189, spricht vom »Erdbeben« als der »wahrscheinlich frühesten Prosadichtung« Kleists. Der Bericht Eduard von Bülows, *Heinrich von Kleist's Leben und Briefe* (Berlin 1848), 44, Kleist habe 1806 in Königsberg seiner früheren Braut, Wilhelmine Krug, und deren Schwester Luise von Zenge »seine kleinen, damals noch nicht gedruckten Erzählungen« vorgelesen, läßt leider keine weiteren Schlüsse zu.

Gesichert ist hingegen, daß Sophie von Haza, die spätere Frau Adam Müllers, im Besitz einer Niederschrift des Textes war. Johanna von Haza, ihre Tochter, erinnert sich 1816 in einem Brief an Ludwig Tieck, eine »Novelle Josephe und Jeronimo« gemeinsam mit »der Erzählung vom Roßkamm« in einer »Fragmente« überschriebenen Sammlung »mehrere[r] Hefte von seiner [i. e. Kleists] eignen Hand« bei ihrer Mutter gesehen zu haben (wann, ist leider nicht zu erschließen).[5] Über das weitere Schicksal dieser Hefte weiß Johanna von Haza jedoch bereits damals nichts mehr zu berichten. Da die Hefte bis heute verschollen sind, bleibt unbestimmt, ob es sich bei dem in ihnen enthaltenen Manuskript der Erzählung um einen Text gehandelt hat, der zeitlich nahe an der Cotta gelieferten Druckvorlage liegt (oder gar mit dem im »Morgenblatt« gedruckten Text identisch ist).

Kleist selbst war offenbar weder im Herbst 1807 noch drei Jahre später, im Sommer 1810, als er die Texte zum ersten Band der »Erzählungen« zusammenstellte, im Besitz eines eigenen Manuskripts. 1810 scheint er überdies auch keine Exemplare der betreffenden Lieferungen des »Morgenblatts« besessen zu haben (wenn er solche je erhalten haben sollte). Als er bei der Zusammenstellung des Erzählungsbandes, der neben dem »Erdbeben in Chili« auch den »Michael Kohlhaas« und die »Marquise von O....« enthielt, auf bereits gedruckte Texte zurückgreifen wollte, war er bei der Suche nach Vorlagen auf die Hilfe anderer angewiesen. Den Arbeitsvorgang in dieser Phase zu rekonstruieren, ist schwierig und nicht von Ungewißheit freizuhalten: Die Dokumente sind überaus lückenhaft, ihr Zusammenhang ist verschieden auslegbar.

In einem Billett mit dem Datum vom 4. September 1810[6] nennt Kleist Reimer die Nummern des »Morgenblatts«, in denen seine Erzählung abgedruckt worden war. Am 8. September sendet Kleist zusammen mit einem Billett »das Morgenblatt« zurück und bittet seinen Verleger: »schicken Sie es ja dem Seydel bald wieder, denn es liegt ihm am Herzen wie ein Werk in usum Delphini.« Beide Dokumente werfen einige Probleme auf. Die lakonische Angabe des ersten Schriftstücks: »Die Nummern vom Morgenblatt sind 217 bis 221, Septb. 1807.« kann natürlich entsprechend der durch Helmut Sembdner etablierten Lesart so verstanden werden, daß Kleist Reimer schreibt, welche Lieferung des »Morgenblatts« er für seine Umarbeitung benötigt. Und dies einmal angenommen, ließe sich folgern, Kleist habe in verhältnismäßig kur-

---

[5] Johanna von Haza an Ludwig Tieck, Leipzig, 26. 11. 1816. »Noch hatte meine Mutter mehrere Hefte von seiner eignen Hand 'Fragmente' überschrieben. Es waren wirklich nur solche; ausser der Novelle Josephe und Jeronimo und der Erzählung vom Roßkamm — (den Namen habe ich vergessen) enthielten sie nur einzelne hingeworfne Ideen und Bemerkungen, die aber grösstentheils voll tiefen Sinns waren und die gleichfalls mehr zur Anschauung 'seiner Seele' dienen, als seine eigentlichen Dichtungen. Auch von diesen weiß ich nicht, wo sie hingekommen, noch ob sie im Druck erschienen sind, daher n e n n e ich sie Ihnen wenigstens.« In: *Briefe an Ludwig Tieck*. Ausgew. u. hg. v. Karl von Holtei. Bd. II (Breslau 1864), 175.

[6] Kleists Datierung ist von Sembdner angezweifelt worden. In dem Schreiben an Reimer erbittet Kleist auch finanzielle Unterstützung: »Ich bitte um Geld, wenn Sie es entbehren können; denn meine Casse ist leer. — « Falls dies tatsächlich die Bitte um einen zweiten Vorschuß auf das »Käthchen von Heilbronn« ist, so scheint Reimers Kontobuch, das bereits am 3. September die Zahlung von 20 Talern dokumentiert (s. Sigismund Rahmer, *Heinrich von Kleist als Mensch und Dichter*. Nach neuen Quellenforschungen [Berlin 1909], 388), dafür zu sprechen, daß Kleist das Billett falsch datiert hat. Cf. den Kommentar Helmut Sembdners, Heinrich von Kleist, *Sämtliche Werke und Briefe*, 2 Bde. (München [8]1985), II 1004; desgl. Kreutzer, *Die dichterische Entwicklung Heinrichs von Kleist*, a.a.O. (Anm. 3), 190. Daß man den Brief aufgrund des Reimerschen Eintrags *zwangsläufig* auf den 3. September datieren darf, ist jedoch zu bezweifeln. Behauptet werden kann allenfalls, Kleist sei am 4. September noch nicht im Besitz von Reimers Zahlung gewesen.

zer Zeit, nämlich zwischen dem 4. und 8. September, den Text für Reimer satzfertig gemacht.

Eine solche Auslegung der überlieferten Dokumente, die, ihr selbst unbewußt, davon geleitet ist, den Materialien der Textkonstitution eine verbindlichere Geltung abzusprechen,[7] ist jedoch keineswegs alternativlos. Solange man nicht weiß, was in dem voraufgehenden Schriftstück Reimers gestanden hat (oder mündlich zwischen Kleist und Reimer besprochen wurde), sind auch andere Szenarien denkbar. Zum Ausgangspunkt kann man dabei die Beobachtung nehmen, daß Kleist seine eigentümlich kontextlose bibliographische Angabe auffallenderweise nicht mit einer expliziten Bitte um Übersendung verknüpft. Eine karge Auskunft wie: »Die Nummern vom Morgenblatt sind 217 bis 221, Septb. 1807.« läßt die Lesart zu, daß Kleists Billett die Frage Reimers beantwortet, in welchen Nummern des ihm, Reimer, vorliegenden (offenbar umfangreicheren) Zeitungskonvoluts er Kleists Text finden könne. Bei den sich in der Schlußphase der Drucklegung des »Erzählungen«-Bandes drängenden und überkreuzenden Arbeitsgängen von Überarbeitung, Satz und Korrektur des Textes einerseits, der Dürftigkeit der Dokumente andererseits, ist keinesfalls ausgemacht, daß die Zeugnisse von sich aus nur auf den Anfang des Produktionsprozesses zu beziehen wären. Vielmehr wird man mit der Möglichkeit rechnen müssen, daß sie auch über ein fortgeschritteneres Stadium des Produktionsprozesses Auskunft geben könnten. Zu erwägen wäre etwa, daß das »Morgenblatt«-Exemplar von Kleist an Reimer weitergeleitet worden sein könnte — und zwar bereits vor dem 4. September. Hierfür spricht zunächst, daß man gegenüber der Annahme, Kleist habe die präzisen bibliographischen Daten des »Morgenblatt«-Textes abrufbar im Kopf gehabt, ohne ein Exemplar des »Morgenblatts« zuvor noch einmal gesehen zu haben, einigermaßen skeptisch sein kann. Außerdem aber gibt die Kleistsche Mahnung vom 8. September, »das Morgenblatt« »dem Seydel« bald wiederzuschicken, keinen Anlaß, die unbefragt die traditionelle Auslegung beherrschende Hypothese zu übernehmen, Reimer habe direkt von Seydel das Exemplar erhalten und — so weiter — irgendwann kurz nach dem 4. September an Kleist weitergeleitet. Zwar ist die Identität des besagten Seydel unbekannt.[8] Das sollte aber nicht die Aufmerksamkeit dafür trüben, daß der Wortlaut des Briefes (»denn es liegt ihm am Herzen wie ein Werk in usum Delphini.«) nahelegt, sich die Beziehung Kleists zu dem besagten Seydel enger vorzustellen als die Reimers zu dem offenbar empfindlichen Besitzer des »Morgenblatts«:[9] Man kann aus ihm sogar eine gewisse Wahrscheinlichkeit für die Vermutung ableiten, Kleist selbst habe von Seydel in letzter Minute noch ein Exemplar der Zeitung erhalten. Kleist mag dann vor der Übergabe an Reimer das Exemplar durchgesehen haben und einen oder mehrere ›Er-

---

[7] Es emendiert sich leichter, wenn man zu belegen weiß, der Autor könne aus Zeitgründen ohnedies kein sonderlich waches Auge auf den Text gehabt haben.
[8] Die mit Fragezeichen versehene Vermutung Helmut Sembdners, *Sämtliche Werke*, a.a.O. (Anm. 6), II 1004: »der in Gubitz 'Erlebnissen' wiederholt erwähnte Musikdirektor Seidel«, ist nicht durch Dokumente zu stützen.
[9] Es ist von daher vielleicht auch nicht so verwunderlich, daß Anfragen hinsichtlich einer Beziehung Seydels zu Reimer einerseits, Cotta andererseits, erfolglos blieben. Vgl. Klaus Kanzog, *Prolegomena zu einer historisch-kritischen Ausgabe der Werke Heinrich von Kleists. Theorie und Praxis einer modernen Klassiker-Edition* (München 1970), 98, Anm. 2, der notiert, Herbert Schiller vom Cotta-Verlag habe in einem Brief an Georg Minde-Pouet vom 30. April 1935 mitgeteilt, daß es weder einen Mitarbeiter des »Morgenblatts« noch einen Korrespondenten des Cottaschen Verlages mit dem Namen Seydel gegeben hat. Eine Anfrage Minde-Pouets beim Verlag Walter de Gruyter, ob Reimer mit einem Manne dieses Namens in Beziehung stand, blieb ebenfalls »ohne Ergebnis« (ebd.) — was allerdings seinerseits nicht viel besagen will.

ratazettel' angefertigt haben, auf denen alle Abweichungen von *M* eingetragen waren. Nachdem Reimer von Kleist den Jahrgang (vielleicht auch nur einen halben) des »Morgenblatts« erhalten und anschließend auf Rückfrage von Kleist die genauen Nummern erfahren hatte, war es ihm möglich, das »Erdbeben in Chili« schließlich nach dem »Morgenblatt« und den der Übersendung der Zeitung separat beigefügten 'Erratazetteln' Kleists setzen zu lassen.[10] Nach Fertigstellung des Satzes wiederum könnte das Exemplar des »Morgenblatts« samt frischen Druckfahnen dann von Reimer umgehend an Kleist zur Korrektur zurückgeschickt worden sein. Auch dieser Hypothese zufolge markierte der Brief vom 8. September mit der Rücksendung der Zeitung (vielleicht auch der durchgesehenen Fahnen) einen Einschnitt, allerdings nicht das Ende der Kleistschen Überarbeitung des »Morgenblatt«-Textes, sondern das Ende des Korrekturvorgangs anhand des »Morgenblatts«.

Es liegt von dem skizzierten Ablauf her nahe, den undatierten Brief, der von Sembdner apodiktisch auf den 5. September 1810[11] datiert worden ist und in dem Kleist bedauernd schreibt: »In den Heften, liebster Reimer, die Sie mir geschickt haben, finde ich die Erzählung nicht. Es ist mir höchst unangenehm, daß Ihnen diese Sache so viel Mühe macht.«, in eine frühere Phase der Arbeit zu datieren. Wenn er sich denn tatsächlich auf »die Erzählung« »Jeronimo und Josephe« bezieht,[12] ist denkbar, daß er als Reaktion auf eine erste, erfolglose Bemühung Reimers gelesen werden kann, ein Exemplar der Erzählung — das dann nicht mit dem Seydelschen identisch wäre — aufzutreiben. Da aus dem zitierten Brief außerdem hervorgeht, daß Kleist mit Reimer noch nicht über das Gesamthonorar für das »Käthchen von Heilbronn« verhandelt hat, Reimers Kontobuch für den 16. August andererseits die erste Anzahlung verzeichnet,[13] scheint man letzteres Datum als *terminus ante quem* ansetzen zu können. Gegen die diesem Schluß zugrundeliegende Annahme, Reimer werde kaum ein Honorar angezahlt haben, das zuvor noch nicht festgelegt worden war,[14] lassen sich allerdings ihrerseits Einwände erheben: Es ist belegt, daß Reimer durchaus auch Vorschüsse vor definitiver Festlegung des Honorars gezahlt hat.[15]

Welcher Hypothese über den Zusammenhang der Briefe vom 4. und 8. September 1810 man mehr zuneigt, wird beim Stand der Dokumente letztlich wohl strittig bleiben müssen. Ausgemacht indes ist, daß die Drucklegung bald nach dem 8. September

---

10 Daß Kleist anhand von *M* kurzfristig noch eine neue handschriftliche Druckvorlage (eigenhändig, durch Abschrift eines Schreibers oder durch Diktat) erstellt oder gar seine Veränderungen direkt in das ihm vorliegende Exemplar von *M* eingetragen haben könnte (Seydel hätte vermutlich protestiert), erscheint mir gleich unwahrscheinlich. Denkbar wäre außerdem, daß Kleist in das »Morgenblatt« Blätter eingelegt hat (vgl. Klaus Kanzog, *Prolegomena zu einer historisch-kritischen Ausgabe der Werke Heinrich von Kleists*, a.a.O. [Anm. 9], 98). Die oben vorgeschlagene Deutung des Billetts an Reimer wäre mit einem solchen Verfahren allerdings nicht in Einklang zu bringen. Durch die Einlegeblätter wäre die Erzählung sehr schnell aus einem Jahrgang des »Morgenblatts« ausfindig zu machen, eine Rückfrage unnötig gewesen.
11 Warum nicht auf den 3. (Sembdners Frühdatierung zufolge) oder 4. oder 6. oder 7., läßt Sembdner unbeantwortet. In der Tat kann niemand wissen, in welchem Abstand die Briefe gewechselt wurden.
12 Minde-Pouet hatte, im Anschluß an Steigs Erstveröffentlichung des Briefes (*Neue Kunde zu Heinrich von Kleist* [Berlin 1902], 35), die Formulierung auf die Suche nach einem »Phöbus«-Exemplar mit dem Fragment des »Michael Kohlhaas« bezogen.
13 Sigismund Rahmer, *Heinrich von Kleist als Mensch und Dichter*, a.a.O. (Anm. 6), 388. Die Anzahlung betrug 22 Taler und 16 Groschen, das Gesamthonorar 75 Taler.
14 Cf. Hans Joachim Kreutzer, *Die dichterische Entwicklung Heinrichs von Kleist*, a.a.O. (Anm. 3), 176, Anm. 107.
15 Siehe Bernhard Sommerlad, *Die Autorenhonorare Georg Andreas Reimers*, in: Börsenblatt für den Deutschen Buchhandel, Frankfurter Ausgabe, Nr. 92, 18. November 1955, 750-752.

abgeschlossen worden sein muß: Der erste Band der »Erzählungen«, der Kleists »Erdbeben in Chili« enthielt, wurde Ende September, Anfang Oktober 1810[16] ausgeliefert.

II Der Text der BKA folgt durchgängig dem Druck der »Erzählungen« von 1810. Die Abweichungen in *M* — sie finden sich vornehmlich in der Interpunktion und der Absatzgliederung — sowie die wenigen vorgenommenen Emendationen verzeichnet der Apparat.[17] Von der barbarischen Veranstaltung eines Paralleldrucks wurde aus Gründen, die bereits im Zusammenhang der »Kohlhaas«-Edition entwickelt worden sind, abgesehen.[18] Ausschlaggebend für die Bevorzugung des Textes von *E* ist, daß Kleist — wie oben ausgeführt — seinen Druck mit großer Wahrscheinlichkeit selbst überwachen konnte, der Abdruck der Erzählung »Jeronimo und Josephe« im »Morgenblatt« hingegen alles andere als gut autorisiert ist. Wie bereits erwähnt, konnte Kleist 1807 schon aufgrund seiner Gefangenschaft keinerlei Einfluß auf die Druckgestalt seiner Erzählung nehmen, geschweige denn Korrektur lesen, und es wird von daher wahrscheinlich, daß bestimmte Eigentümlichkeiten des Zeitungs-Abdrucks nicht auf ihn, sondern auf Vorstellungen des verantwortlichen Redakteurs des »Morgenblatts« zurückgehen. Insbesondere ist anzunehmen (nicht: zu beweisen), daß sich die kurzatmige Absatzgliederung von »Jeronimo und Josephe« Gepflogenheiten des Zeitungsdrucks — die Cottasche Zeitung wurde aus Gründen der Auflockerung des Satzbildes übrigens auch zweispaltig gesetzt —, nicht jedoch Intentionen Kleists verdankt. Das »Morgenblatt« setzt den Kleistschen Text in insgesamt 31 Absätzen; hingegen weist das »Erdbeben in Chili« in *E* nur deren drei (mit entsprechend großer Länge) auf. Es scheint mir plausibler vorauszusetzen, der Text in *E* biete in Bezug auf die Absatzgliederung eine Restitution des Textes in der Druckvorlage von *M*,[19] als (so Helmut Sembdner,[20] wohl im Anschluß an Erich Schmidt und Georg Minde-Pouet[21]) zu mutmaßen, Kleist könne, um dem Verlag Papier und damit Kosten zu sparen, zur Zusammenziehung der 31 Absätze gezwungen gewesen sein.

Sembdner, der übrigens nicht konsequent *M* folgt, sondern unerfindlicherweise einen Mischtext bietet,[22] hatte seine Entscheidung, auf den Text des »Morgenblatts« zu-

---

16 Erste Erwähnung in den *Miszellen für die neueste Weltkunde* vom 6. Oktober 1810. Siehe Peter Staengle, *Kleists Pressespiegel*, 3. Lieferung: 1810/1811, in: Brandenburger Kleist-Blätter 5 (Basel/Frankfurt am Main 1992), 29-100; hier: 38 (Zeugnis Nr. 11).
17 Die Emendationen in einer gesonderten Liste zu verzeichnen, erwies sich aus Gründen der Übersichtlichkeit als wenig ratsam. Die BKA hat die Intention (und von Seiten der Textüberlieferung her, die Möglichkeit), auf jeder Seite die *gesamte* Überlieferung mit *den jeweils einfachsten* Mitteln zu dokumentieren. Der Einwand, dieser entschiedene Vorzug sei mit dem Nachteil erkauft, daß die sog. Varianz nicht von den Emendationen abgehoben werde, ist abstrakt und im schlechten Sinne akademisch. Alle Emendationen *sind* dadurch hervorgehoben, daß sich die diesbezüglichen Lemmata durch die Sigle des Leittextes auszeichnen.
18 Siehe R. R., »*Michael Kohlhaas*« und »*Michael Kohlhaas*«. Zwei deutsche Texte, eine Konjektur und das Stigma der Kunst, in: BKA II/1, Berliner Kleist-Blätter 3 (Basel/Frankfurt am Main 1990), 3-43, hier: 10f.

19 Vgl. hierzu auch Hans Joachim Kreutzer, *Überlieferung und Edition*. Textkritische und editorische Probleme, dargestellt am Beispiel einer historisch-kritischen Kleist-Ausgabe. Mit einem Beitrag von Klaus Kanzog (Heidelberg 1976), 69. Kreutzer: »[Ich] möchte hier noch einmal betonen, daß ich die dreiteilige Gliederung der Buchfassung für die allein authentische halte, d.h. ich halte es für ausgeschlossen, daß die kleinteilige Gliederung der 'Morgenblatt'-Fassung von Kleist herrührt.«
20 *Sämtliche Werke*, a.a.O. (Anm. 6), II 902.
21 *H. v. Kleists Werke*, im Verein mit Georg Minde-Pouet und Reinhold Steig hg. v. Erich Schmidt, 5 Bde. (Leipzig/Wien o.J. [1904/06]), IV 380: »Viele, leider als Ausnahme nicht nachzubildende Absätze (in *E* [...] mußte Raum gespart werden).«
22 Sembdner hat einerseits die Absatzeinteilung des »Morgenblatts« wiederhergestellt, andererseits zwei Gedankenstriche, die bei Kleist im »Erdbeben« Absetzungen des Tübinger Druckes ersetzen, eingefügt: *Sämtliche Werke*, a.a.O. (Anm. 6), II 151, Z.15; 155, Z.5.

rückzugreifen, so begründet: »In der Buchausgabe sind von den 29 Absätzen im Text des 'Morgenblatts' nur 2 Absätze beibehalten worden, was lediglich äußere buchtechnische Gründe hatte. Der erste Band der 'Erzählungen' umfaßte 21 1/2 Bogen = 344 Seiten, wobei das 'Erdbeben' auf der letzten Seite unten endigte. Bei Beibehaltung der ursprünglichen Absätze hätte der Raum nicht ausgereicht, so daß mit der nächsten Seite ein neuer Halbbogen anzubrechen gewesen wäre. Die rigorose Beseitigung der Absätze wurde also lediglich aus Ersparnisgründen vom Verleger Reimer veranlaßt, und es besteht kein Grund, dieses Verfahren beizubehalten.«[23]

An dieser Argumentation ist einmal zu kritisieren, daß sie in den Befunden in zweierlei Hinsicht unpräzise ist. Zunächst umfaßt Kleists Text im »Morgenblatt« nicht 29, sondern 31 Absätze. Selbst wenn man Sembdner — und ihm folgend Klaus Kanzog und Hans Joachim Kreutzer[24] — die im Hinblick auf das zu beschreibende Phänomen befremdlich anmutende Sprachregelung zugesteht, unter dem Wort 'Absatz' die Grenzen zwischen den Absätzen, nicht jedoch die durch Anfang und Ende bestimmten Texteinheiten zu verstehen (Sembdner notiert »in der Buchausgabe [...] 2 Absätze«), müßte man immer noch von 30, nicht jedoch von 29 Absätzen sprechen.[25] Unzutreffend vereinfachend ist außerdem die von Sembdner eingeführte, von seinen späteren Verteidigern wie Kritikern durchgängig ungeprüft übernommene[26] Rede von den »21 1/2 Bogen = 344 Seiten«. Sie insinuiert für *E* eine einfache Aufeinanderfolge von 21 Bogen à 16 und einem Halbbogen mit 8 Seiten. Die Bogensignaturen und die Kustoden ergeben jedoch einen komplexeren Befund.[27] In den von uns untersuchten Exemplaren umfaßt die Lage des 21. Bogens mit der Signatur X nur 14 Seiten, wobei außerdem auffällt, daß das letzte Blatt dieses Bogens (S. 333/334) eingeklebt worden ist. Hierzu komplementär steht die Beobachtung, daß das Titelblatt von *E* mit der namentlichen Aufführung der drei Erzählungen nicht etwa — wie Sembdners Beschreibung ebenfalls nahelegt — Bestandteil des ersten Bogens ist, sondern (wie das Blatt S. 333/334) eingeklebt ist.[28] Als Bestandteil des 21. Bogens ließ es Reimer wahrscheinlich erst setzen, als er mit Kleists Hilfe ein Exemplar des »Morgenblatts« aufgetrieben hat-

---

23 *Sämtliche Werke*, a.a.O. (Anm. 6), II 902.
24 Klaus Kanzog, *Prolegomena zu einer historisch-kritischen Ausgabe der Werke Heinrich von Kleists*, a.a.O. (Anm. 9), 109: »Bei der Drucklegung der Buchausgabe sind von den 29 Absätzen des 'Morgenblatt'-Druckes nur zwei Absätze beibehalten worden.« Hans Joachim Kreutzer, *Überlieferung und Edition*, a.a.O. (Anm. 19), 69: »Das einzige bedeutsame textkritische Problem, das im Zusammenhang mit gedruckten Texten Kleists bisher diskutiert worden ist, ist die Absatzgliedeung des 'Erdbebens'. Dieses Problem hat Sembdner aufgeworfen, als er 1961 in der 2. Auflage seiner Ausgabe die übliche Einteilung der Buchausgabe von 1810 in drei zugunsten der des 'Morgenblatts' in 29 Absätze aufgab.«
25 Die arithmetische Verwirrung ist hier so groß, daß Hans Zeller, *Textologie und Textanalyse. Zur Abgrenzung zweier Disziplinen und ihrem Verhältnis zueinander*, in: editio 1 (1987), 145-156; hier 154, schließlich sogar von den »28 Alineas der Zeitungsfassung« sprechen wird. — Korrekt angegeben wird die Anzahl der Absätze nur in der Ausgabe Müller-Salgets, Heinrich von Kleist, *Erzählungen. Anekdoten. Gedichte. Schriften* (= H. v. K., Sämtliche Werke und Briefe in vier Bänden, Bd. 3, Frankfurt am Main 1990), 801.
26 Die Sembdnersche Beschreibung übernehmen Klaus Kanzog, *Prolegomena zu einer historisch-kritischen Ausgabe der Werke Heinrich von Kleists*, a.a.O. (Anm. 9), 109; Hans Joachim Kreutzer, *Überlieferung und Edition*, a.a.O. (Anm. 19), 69; Hans Zeller, *Textologie und Textanalyse*, a.a.O. (Anm. 25), 152.
27 Jeder Bogen, der für den Druck der Kleistschen »Erzählungen« verwendet worden ist, hat, wie seinerzeit weitgehend üblich, eine Signatur auf der ersten (Prime) und dritten Seite (Sekunde). Die Prime besteht aus einem Frakturbuchstaben, die Sekunde aus demselben Buchstaben mit einer kleiner gedruckten arabischen 2. Zusätzlich steht links neben der Prime auf jedem Bogenanfang als Bogennorm »Kleists Erzähl.« Die Verbindung zwischen den Bogen wird durch einen Kustos auf der jeweils letzten Bogenseite angezeigt.
28 Es ergibt sich also als Lagenbestimmung im Buchblock von *E*: Titelblattkarton — Bogen A bis U (20x16 Seiten) — Bogen X (14 Seiten, davon das letzte Blatt eingeklebt) — Y (8 Seiten).

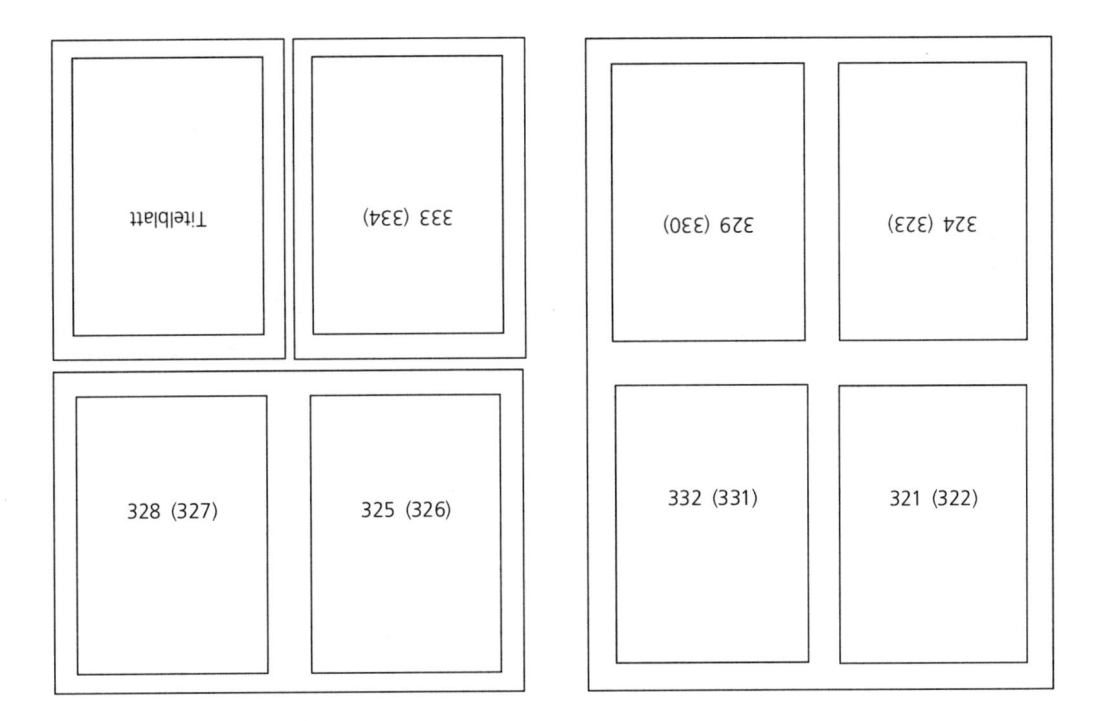

te und damit sichergestellt war, daß »Das Erdbeben in Chili« tatsächlich in diesem Band der »Erzählungen« erscheinen würde.²⁹ Eine Rekonstruktion der Druckform, die anhand eines aufgebundenen Exemplares der »Erzählungen« aus der Amerika-Gedenkbibliothek (Berlin) vorgenommen wurde, ergab zudem, daß der Bogen X auch anders ausgeschossen wurde als die übrigen Bogen des Bandes. Eine Bogenhälfte scheint dabei wie ein Quartformat behandelt worden zu sein — auf ihr finden sich (Schöndruckseite) die Seiten 332 und 321 sowie die Seiten 324 und 329. Die zweite Bogenhälfte wurde zweimal geschnitten. Der erste Schnitt trennte das Doppelblatt (S. 325/326 und 327/328) ab, das, gefaltet, in den anderen Halbbogen eingelegt wurde. Der zweite Schnitt trennte auf dem übriggebliebenen Doppelblatt das Titelblatt vom Blatt S. 333/334, das dann an die Seite 332 angeklebt wurde.

Unabhängig von diesen Korrekturen, die an Sembdners Beschreibung im einzelnen anzubringen sind, ist die allgemeine Prämisse zurückzuweisen, die seine Textkonstitution leitet: Man kann aus einer bestimmten Anordnung der Absätze auf einer bestimmten Menge Papiers nicht schließen, daß, wäre mehr Papier zur Verfügung gestanden, der Text anders ausgesehen hätte. Anders gewendet: Aus der Vermutung allein, daß ein Verleger, eine Druckerei, sparsam mit dem Papier umgeht — eine übrigens wenig spektakuläre, weil so gut wie immer zutreffende Annahme —, läßt sich schlechterdings nichts für eine Textkonstitution schließen. Um das Unangemessene einer solchen Konklusion einsichtig zu machen, muß man keine Ein-Seiten-Gesamt-Interpretation der Erzählung in »Spalten« und »Kolonnen«[!] geben.³⁰ Man muß sich nur der Frage stellen, wie es Kleist denn hätte anfangen sollen, eine Erzählung mit drei Absätzen zu schreiben — außer eben, indem er sie mit drei Absätzen schreibt.

---

29 Daß man aus dem *vorletzten* Bogen, nicht dem letzten Halbbogen ein Blatt für den Titel verwendete, wird wegen der Haltbarkeit der Bindung geschehen sein.

30 Wie Hans Zeller, *Textologie und Textanalyse*, a.a.O. (Anm. 25).

III Abweichungen von der Orthographie der Originaldrucke finden nur in folgenden Fällen statt: 1. Umlaute werden in der heute üblichen Weise wiedergegeben. 2. Der Unterschied zwischen langem und rundem »s« wird nicht reproduziert. 3. Die graphische Identität von I und J, die in der Fraktur von E und M auftritt, wird aufgelöst. 4. Eigentümlichkeiten der Worttrennung (Bsp.: tz > z-/z; ck > k-/k) an den Zeilenenden der überlieferten Textträger sind nicht verzeichnet. — Der Kollationierung lagen für E folgende Exemplare zugrunde: Staatsbibliothek zu Berlin – Preußischer Kulturbesitz, Haus 2 (Signaturen: 802 486 R und 397 528/1 R); Staatsbibliothek zu Berlin – Preußischer Kulturbesitz, Haus 1 (19 ZZ 5634 und Yw 6901^b RAR; dieses Exemplar ist nicht korrekt gebunden. Bogen U [S. 305-320] ist fälschlicherweise zwischen die Bogen P und Q geraten); Amerika-Gedenkbibliothek, Berlin (SK 41/1 und SK 41/1a); Schiller-Nationalmuseum/Deutsches Literaturarchiv, Cotta-Archiv (Stiftung der Stuttgarter Zeitung); Universitätsbibliothek Göttingen (8° Fab. Rom. VI 3958a rara); Harvard Library, Cambridge/Massachusetts (*GC8.K6746.810e The Houghton Library); ein Exemplar aus Heidelberger Privatbesitz; Herzog August Bibliothek, Wolfenbüttel (Lo 3650 und Sammlung Töpfer 199); für M: Universitätsbibliothek Göttingen (4 Sva II,1517: 1807); Universitätsbibliothek Heidelberg (H 441); Universitätsbibliothek Münster (1 D 7748); Schiller-Nationalmuseum/Deutsches Literaturarchiv, Cotta-Archiv (Stiftung der Stuttgarter Zeitung); Bibliothèque Nationale et Universitaire de Strasbourg (A 11 283).

Heidelberg, 20. 3. 1993
Roland Reuß

Inhalt

Das Erdbeben in Chili 7
Siglen 44
Zu dieser Ausgabe 45

Die Deutsche Bibliothek – CIP-Einheitsaufnahme

Kleist, Heinrich von:
Sämtliche Werke / H. v. Kleist. Hrsg. von Roland Reuß ; Peter Staengle. –
Brandenburger Ausg. – Basel ; Frankfurt am Main : Stroemfeld
2, [Prosa].
NE: Reuß, Roland [Hrsg.]; Kleist, Heinrich von: [Sammlung]

Brandenburger Ausg.
2, Prosa.
Bd. 3. Kleist, Heinrich von: Das Erdbeben in Chili. – 1993

Kleist, Heinrich von:
Das Erdbeben in Chili / [H. v. Kleist]. Hrsg. von Roland Reuß in
Zusammenarbeit mit Peter Staengle. – Basel ; Frankfurt am Main :
Stroemfeld, 1993
    (Sämtliche Werke / H. v. Kleist : 2, Prosa ; Bd. 3)
    ISBN 3-87877-350-1
NE: Reuß, Roland [Hrsg.]; HST

Kleist, Heinrich von
Sämtliche Werke / H. v. Kleist, Hrsg. von Roland Reuß und
Peter Staengle. – Brandenburger Ausg. – Basel ; Frankfurt am
Main : Stroemfeld.
    Bis Bd. 3 mit sachlicher Benennung der Abt. Berliner
    Kleist-Blätter.
Brandenburger Kleist-Blätter.
NE: Reuß, Roland [Hrsg.]; Kleist, Heinrich von: [Sammlung];
    Berliner Kleist-Blätter

Brandenburger Ausg.
Brandenburger Kleist-Blätter.
6 (1993)
    ISBN 3-87877-350-1

© 1993 Stroemfeld Verlag
CH-4007 Basel · Oetlingerstr. 19
D-60322 Frankfurt am Main · Holzhausenstr. 4
Alle Rechte vorbehalten.
Gesetzt von Roland Reuß aus der Baskerville der Font-Company und der
Frutiger 45 (Textband), sowie der Stempel-Garamond (Kleist-Blätter) auf
Geräten, die freundlicherweise die Firma Siemens/Nixdorf der BKA zur Verfügung stellte.
Druck und Herstellung: Offizin Andersen Nexö, Leipzig
Printed in Germany
Bitte fordern Sie unsere kostenlose Programminformation an!

Förderer der Brandenburger Kleist-Ausgabe

Ilse Abé
Eva-Maria Alves
Ulrich Benz
Heide Berndt
Marie-Louise Buchczik
Barbara Budil
Inga Buhmann
Helmut Butzmann
Martin Conrath
Christiane Dietz
Ildiko Dornbach
Hilke Dreyer
Irmel und Felix Droese
Gisela Ehrhardt
Rufus Flügge
Günther Gerstenberg
Heiner Goebbels
Sabine und Kurt Groenewold
Carol Hagemann-White
Gangolf Hennes
Horst Karasek
Pit Klein
Vittorio E. Klostermann
Adrian Koerfer
Hans Walter Krause
Roland Langer
Henner Löffler
Paul Meyer
Franz Armin Morat
Henner Müller-Holtz
Ruth Nehren
Gerd Overbeck
Gabriele Quandt-Langenscheidt
Regine Reichling
Ulrich Rückriem
Irmtraud Schmitz
Rudolf Schönwandt
Michael Schwarz
Hans-Joachim Seidel
Burkhard Steinmetz
Stroemfeld Fördergesellschaft
Constanze Volhard
Ewald Volhard
Robert Volhard
Rüdiger Volhard
Wolfgang v. Wangenheim
Helmut Weikard